NÉCESSITÉ D'UNE RÉFORME

DANS

LA LÉGISLATION PÉNALE MILITAIRE.

NÉCESSITÉ D'UNE RÉFORME

DANS

LA LÉGISLATION PÉNALE

MILITAIRE.

PAR M. DE BONNECHOSE,

ANCIEN OFFICIER,

AVOCAT A LA COUR ROYALE DE ROUEN.

ROUEN,

IMPRIMERIE DE I.-S. LEFEVRE,

RUE DES CARMES, 20.

1843.

NÉCESSITÉ D'UNE RÉFORME

DANS

LA LÉGISLATION PÉNALE MILITAIRE.

Considérations générales.

Depuis long-temps le gouvernement a senti, outre la nécessité d'une réforme dans la législation pénale militaire, celle de réunir en un seul code toutes les lois éparses qui ont été promulguées depuis la République jusqu'à nos jours, et d'y apporter des modifications importantes qui les missent en rapport avec nos mœurs, nos besoins et notre civilisation actuelle.

Je sais que, depuis plusieurs années, une commission a été chargée de ce soin; mais ce travail, d'une nécessité si impérieuse, se fait long-temps attendre, et tous les jours nos conseils de guerre déplorent la nécessité d'être obligés d'opter entre un acquittement scandaleux et l'application d'une loi qui répugne à leur conscience, parce qu'elle est trop rigoureuse, ou parce que c'est une loi de circonstance qui a pu être bonne à l'époque, mais qui, aujourd'hui, ne devrait plus recevoir d'exécution, les motifs qui avaient porté le législateur à la créer ayant cessé d'exister.

Qu'il me soit permis d'entrer dans quelques détails sur cette législation ; trop heureux si les courtes observations que je vais soumettre pouvaient hâter de quelques jours l'exécution d'un travail qui intéresse vivement une partie si importante de notre nation, l'armée.

Examinons d'abord la désertion à l'intérieur.

La loi du 19 vendémiaire an **XII**, art. 72, prononce la peine de trois ans de travaux publics contre le déserteur, enrôlé volontaire ou servant pour son propre compte.

Puis, cet article ajoute que cette peine sera augmentée de deux ans pour chacune des circonstances suivantes :

1° Si la désertion n'a pas été individuelle ;

2° Si le coupable était d'un service quelconque, ou s'il a escaladé les remparts ;

3° S'il a emporté des effets fournis par l'état ou par le corps ;

4° S'il est déserté de l'armée ou d'une place de première ligne.

Il en résulte donc que l'enrôlé volontaire qui déserte à l'intérieur, avec toutes les circonstances aggravantes, peut être condamné à la peine de onze ans de travaux publics.

Quant au remplaçant, s'il déserte, c'est le décret impérial du 8 fructidor an **XIII**, qui lui est applicable; l'article 58 de ce décret prononce contre le coupable la peine de cinq ans de boulet. Cette peine s'applique à tous les cas de désertion à l'intérieur du remplaçant; elle ne peut jamais être augmentée à raison des circonstances aggravantes prévues par l'article 72 de l'arrêté du 19 vendémiaire an **XII.**

Il s'ensuit donc qu'un enrôlé volontaire, s'il déserte avec toutes les circonstances aggravantes, pourra être condamné à onze ans de travaux publics, et le remplaçant, qui désertera avec les mêmes circonstances aggravantes, ne pourra jamais être condamné à plus de cinq ans de boulet.

Et cependant la position du premier est bien plus favorable que celle du second ; car le remplaçant qui déserte, non-seulement cause un préjudice à l'état, en le privant d'un défenseur, mais encore commet un vol au préjudice de la personne qu'il remplace, en l'obligeant quelquefois à fournir un autre remplaçant, après avoir reçu tout ou partie du prix stipulé dans la convention

Je conviens que la peine du boulet est considérée comme un peu plus rigoureuse que la peine des travaux publics. Cependant elle n'est pas infamante ;

ces deux condamnés sont employés aux mêmes travaux. La peine du boulet et celle des travaux publics, sont deux peines corectionnelles et purement militaires.

Il serait bon aussi, et surtout pour le délit de désertion, de distinguer pour l'application de la peine, si le pays est en état de guerre, ou s'il est en état de paix.

Par exemple, le paragraphe 4 de l'article 72 de l'arrêté du 19 vendémiaire an XII, qui prononce une aggravation de peine de deux ans contre le militaire qui déserte d'une place de première ligne, est une mesure dont la rigueur peut être justifiée par les circonstances, les besoins de l'époque. En 1803, nous étions en guerre avec presque toute l'Europe; alors il importait essentiellement à la France que ses places frontières ne fussent point dégarnies de troupes, ne fussent point affaiblies par la désertion. Mais lorsque la France jouit d'une paix bien assurée, il n'y a plus de motifs qui puissent autoriser cette rigueur.

Or, dans l'état actuel des choses, quel plus grave préjudice cause à l'état le militaire qui déserte de la ville du Havre ou de la ville de Rouen? De Perpignan ou de Toulouse?

Et, en interprétant judaïquement le texte de la loi, on arriverait à ce résultat : que deux militaires appartenant au même corps, désertant dans la même ville, avec les mêmes circonstances aggravantes, seraient condamnés à deux peines différentes. On arriverait à ce résultat absurde ; que le militaire qui serait caserné dans le château de la ville de Caen serait condamné à cinq ans de travaux publics, tandis que celui qui serait caserné en ville, ne serait condamné qu'a trois ans! Le premier après quatre jours d'absence illégale serait constitué en état de désertion, et condamné comme tel, tandis que le second, après sept jours d'absence illégale, en serait quitte pour une simple peine de discipline! parce que le château de Caen est rangé au nombre des places de première ligne, distinction souvent difficile à établir, et qui échappe à la connaissance d'un grand nombre de militaires.

Il serait donc juste de faire la part des circonstances, et de modifier la peine suivant l'état actuel du pays.

Les actes d'insubordination sont à juste titre réprimés avec rigueur. Il en devait être ainsi ; car sans subordination point de discipline, et la discipline est, comme on le sait, la force de l'armée.

Cependant l'article 15 de la loi du 21 brumaire an V, ne me semble pas à l'abri de toute critique.

Cet article est ainsi conçu :

Tout militaire convaincu d'avoir insulté ou menacé son supérieur, de propos ou de gestes, sera puni de cinq ans de fers ; s'il s'est permis des voies de fait à l'égard du supérieur, il sera puni de mort.

Cet article est conçu en termes généraux. Il ne distingue pas ; il dit tout supérieur. Il s'ensuit donc que le militaire qui aura insulté son colonel ou son caporal sera frappé de la même peine.

Je sais que le caporal, en raison même de l'infériorité de son grade, a besoin de la protection de la loi. Cependant une distinction devrait être établie entre ces deux supérieurs ; car ce caporal, la veille peut-être était encore le camarade du soldat ; il boit et mange avec lui, souvent le tutoie ; ses rapports avec le soldat sont fréquents, journaliers et atténuent considérablement le respect dû à son grade.

Mais ce n'est pas tout. Ce crime, comme tous les crimes en général, ne présente pas toujours les mêmes caractères. Il existe souvent une foule de circonstances qui peuvent en augmenter ou en atténuer la gravité ; et, cependant, il n'est permis aux juges, ni d'adoucir la rigueur de la peine, ni d'en diminuer la durée.

Aussi, qu'arrive-t-il ordinairement ? C'est que, lorsqu'un militaire se présente devant le conseil, sous le poids d'une accusation aussi grave, si ce militaire se recommande par sa conduite antérieure, si le défenseur trouve les moyens d'atténuer les charges, et de le rendre un peu intéressant aux yeux du conseil, les juges reculent devant l'énormité du châtiment. Ce militaire est acquitté ; et cet acquittement, retentissant dans l'intérieur des casernes, y produit le plus mauvais effet dans l'intérêt de la discipline.

Car l'encouragement le plus puissant dans la voie du crime, c'est l'impunité.

Ne vaudrait-il pas mieux laisser aux juges, dans la plupart des crimes et délits, la faculté de graduer la peine suivant les circonstances qui les ont accompagnés, et s'en rapporter à l'appréciation de ces juges militaires, dont l'esprit droit fait rarement défaut.

Ce que je dis de l'art. 15 peut aussi s'appliquer à l'art. 3 de la même loi, titre 8, ainsi qu'à une foule d'autres articles.

Il existe un délit assez fréquent chez le militaire ; c'est le *bris d'armes*.

Ce délit peut avoir des conséquences graves, surtout en campagne ; et, de plus, c'est un fait que je qualifierai même de honteux pour le soldat qui le commet ; car le militaire qui brise son fusil, se reconnaît pour ainsi dire indigne de porter plus long-temps une arme que l'état lui a confiée pour sa défense. Il mérite donc une répression ; mais c'est envain que l'on cherchera dans notre législation militaire un article formel de loi qui punisse ce délit. Cependant, il ne reste pas impuni. Les tribunaux militaires appliquent l'art. 4 de la loi du 15 juillet 1829, ainsi conçu :

Tout militaire qui aura détourné ou dissipé des effets d'armement, d'équipement ou d'habillement qui lui étaient confiés pour son service, sera puni de six mois à deux ans de prison.

Or, il m'est impossible de reconnaître dans le bris

volontaire d'armes, les caractères de la dissipation ou du détournement.

On entend par dissipation l'anéantissement complet d'un objet ; l'arme n'est pas complètement anéantie lorsqu'elle est brisée, souvent même une légère réparation peut encore la rendre propre au service.

L'arme n'est pas non plus détournée dans le sens légal du mot ; elle n'est pas non plus détournée de l'usage auquel elle était affectée, comme on a voulu le prétendre ; ce n'est pas dans cette intention que le militaire brise son fusil, et d'ailleurs, l'arme une fois brisée, n'est plus propre à aucun usage.

Un texte de loi formel et précis manque donc dans notre législation pour réprimer ce délit. C'est donc par induction que raisonnent nos conseils de guerre, lorsqu'ils appliquent cet article. Mais ces sortes de raisonnements sont dangereux et doivent être soigneusement bannis en matière criminelle : *Mieux vaudrait l'impunité*, a dit un célèbre jurisconsulte.

Mais, si les juges commettent un excès de pouvoir en appliquant l'article 4 de la loi du 15 juillet 1829 au délit de bris d'armes, ce n'est rien en comparaison de celui qui peut naître des articles 8-10 du décret impérial du 1er mai 1812.

Ces articles sont ainsi conçus :

Article 8. *Les juges décideront dans leur ame et conscience, et d'après toutes les circonstances du fait, si le délit existe, si le prévenu est coupable, et s'il convient de lui appliquer la peine de mort.*

Article 10. La règle établie par l'article 8 est déclarée applicable, dans les jugements des conseils ordinaires, à tous les cas non prévus par les lois militaires. Les juges appliqueront alors, en leur ame et conscience, et d'après toutes les circonstances du fait, une des peines du Code Pénal, civil ou militaire, qui leur paraîtra proportionnée au délit.

Ces articles consacrent l'illégalité la plus monstrueuse ; c'est l'arbitraire jusqu'à l'absurde. Et qu'on ne vienne pas chercher à donner à ces articles un autre sens que celui qui a présidé à leur rédaction. S'il y avait quelques doutes à ce sujet, un avis du conseil-d'état du 22 septembre 1812 se chargerait de les lever, en disant que la règle prescrite par cet article 10 ne doit être suivie *que dans les cas non prévus par les lois pénales existantes, soit militaires, soit civiles.*

Ainsi, un militaire aurait commis un acte que les lois pénales existantes, soit militaires, soit civiles, ne qualifient ni de crime, ni de délit, et des juges, foulant aux pieds tout respect dû aux lois, s'armant d'un pouvoir plus puissant qu'elles, oseraient le condamner à la peine qu'ils jugeraient convenable de choisir dans les lois civiles ou militaires !

Et cet acte arbitraire se passerait en France, dans le XIXe siècle, dans un pays où il n'y a pas d'autorité qui ne doive céder devant la loi, et s'incliner devant elle !

Ce serait remettre entre les mains des juges un pouvoir sans bornes, et laisser à leur arbitraire le soin de décider si un fait est un délit.

Mais, hâtons-nous de le dire, il est très-rare que des conseils de guerre aient appliqué ces articles. Cependant, il y a quelques ~~articles~~ *exemples* que je pourrais citer, et c'est beaucoup trop.

Moi-même j'ai été témoin d'une tentative de ce genre, qui heureusement est demeurée infructueuse, parce que les juges comprirent, sur les observations que je leur présentai, qu'ils commettraient le plus grave des excès de pouvoir.

Il y a un autre excès de pouvoir que commettent les tribunaux militaires, mais qui a des conséquences bien moins graves, et qui, du reste, est revêtu d'une apparence de légalité.

Je veux parler de la dissipation des *effets de petit équipement*. Les tribunaux militaires, forts de l'appui d'une circulaire ministérielle, appliquent l'article 408 du Code Pénal civil, qui prononce un emprisonnement de deux mois à deux ans, pour dissipation d'effets au préjudice des propriétaires.

Je sais que l'article 18, titre 13 de la loi du 3 pluviôse an II, autorise les tribunaux militaires à appliquer le Code Pénal ordinaire, dans les cas non prévus par la loi militaire, lorsque le délit s'y trouve classé.

Je ne pense pas, cependant, qu'il y ait lieu, dans ce cas, de recourir au droit commun.

Examinons la loi du 15 juillet 1829, qui a traité d'une manière complète les ventes d'effets de toute nature ; et qui même s'est montrée plus sévère, car jusqu'à ce jour la vente des effets de petit équipement n'avait pas été punie ; ces effets étaient considérés comme la propriété personnelle du soldat.

Article 3. Cette loi punit la vente des effets de grand équipement de la peine de deux à cinq ans de travaux publics.

Article 4. Elle punit la dissipation de ces mêmes effets de six mois à deux ans de prison.

Article 6. Elle punit la vente des effets de petit équipement de deux mois à un an de prison.

Quant à la dissipation de ces mêmes effets, silence complet. Peut-on dire que c'est un oubli du législateur? Evidemment non, quand, dans un article aussi rapproché de l'article 4, il a bien soin de mentionner la dissipation des effets de grand équipement.

On voit aussi que le législateur a suivi une graduation de peines, et qu'elles suivent une progression décroissante dans l'ordre suivant :

Vente d'effets de grand équipement, dissipation d'effets de grand équipement, vente d'effets de petit équipement.

Le législateur a donc considéré que la dissipation était un délit moins grave que la vente, et cependant en appliquant l'article 408, on arriverait à ce résultat : que les juges pourraient prononcer jusqu'à deux ans de prison contre le militaire qui dissipe ses effets de petit équipement, tandis que pour la vente, ils ne pourraient jamais prononcer plus d'un an de la même peine.

Il suffit d'ailleurs de se reporter à la discussion qui eut lieu à la Chambre des Pairs, relativement à cette loi. On verra que l'admission de cette nouvelle peine a été l'objet de la critique la plus sévère de la part d'un grand nombre de membres influents de cette chambre, et que M. le rapporteur, répondant à leurs objections qui tendaient à démontrer que jusqu'à ce jour les peines disciplinaires avaient suffi, a ajouté que *cette loi n'empêcherait pas que les peines de discipline ne soient appliquées dans un grand nombre de cas, et lorsqu'une sévérité plus grande ne sera pas jugée nécessaire.*

Qu'aurait dit la chambre si on lui eût proposé une peine pour un délit encore moins grave, la dissipation? Et cependant on voudrait lui appliquer une peine plus sévère, jusqu'à deux ans de prison!

Il doit donc demeurer constant qu'il n'y a point oubli de la part du législateur; mais qu'il a pensé qu'une simple peine de discipline serait suffisante pour la répression de ce fait.

Cette loi du 15 juillet 1829 n'est cependant pas à l'abri de toute critique. L'article 8 de cette loi, dans son dernier paragraphe, dit que la peine de la désertion sera élevée au *maximum*, lorsque le sous-officier ou soldat aura emporté, en désertant, l'arme ou les armes à feu, ou emmené le cheval à lui confié pour le service.

Or, la loi actuellement en vigueur ne détermine point de maximum ni de minimum ; ce paragraphe est donc sans application possible.

Cette contradiction frappante vient encore à l'appui de ce que j'avance, pour démontrer la nécessité d'une réforme, le besoin d'un corps de lois sagement coordonnées entre elles, et dont les dispositions soient mûrement méditées à l'avance.

Je pourrais entrer dans de plus amples détails, la matière est féconde ; mais je dépasserais les limites que je me suis proposées. J'ai voulu seulement présenter des considérations générales, me renfermant strictement dans les crimes et délits le plus fréquemment commis par les militaires, et qui sont :

La désertion, l'insubordination, la vente d'effets et le bris d'armes.

J'aurais atteint mon but, si ces observations consciencieuses pouvaient précipiter l'exécution d'un travail que l'armée appelle de tous ses vœux.

Mais une sage réforme, un corps de lois mûrement combinées entre elles ne suffisent pas encore ; il faut que l'accusé trouve dans les interprètes de ces lois, dans la formation des tribunaux militaires, les garanties indispensables à une bonne administration de la justice.

Si un gouvernement, dans l'intérêt de la morale et de la discipline, doit avoir à cœur la répression du coupable, il doit aussi désirer que le prévenu soit entouré de toutes les garanties dont il est appelé à jouir dans un pays libre et constitutionnel.

Il me reste donc à présenter quelques observations sur la composition du conseil.

De la composition des tribunaux militaires.

C'est la loi du 13 brumaire an V qui a créé des tribunaux militaires réguliers et permanents ; cette loi est encore en vigueur.

L'article 2 de cette loi s'exprime ainsi :

Chaque conseil sera composé de sept membres, savoir :

D'un chef de brigade (colonel), lequel remplira toujours les fonctions de président ;

D'un chef de bataillon ou d'escadron ;

De deux capitaines ;

D'un lieutenant ;

D'un sous-lieutenant et d'un sous-officier.

Un capitaine fera les fonctions de rapporteur.

Le greffier sera toujours au choix du rapporteur.

La loi du 13 brumaire an V ne prescrit pas quel est le mode qui doit présider à l'élection de ces juges.

Les garanties seraient bien plus complètes si elle ordonnait à MM. les commandants de division de les prendre à tour de rôle, par rang d'ancienneté de grade, sur un tableau qui serait dressé à cet effet.

C'est, du reste, ce qui se pratique presque généralement; mais la loi devrait s'expliquer, et ce mode excluerait toute idée de partialité.

Le colonel président, par son grade, par le rôle éminent qu'il est appelé à remplir, est un membre qui peut exercer la plus grande influence. Sa nomination devra donc être l'objet d'une attention toute particulière de la part du général commandant la division, et cette influence sera encore bien plus puissante si les autres membres qui composent le conseil appartiennent au même régiment.

Pour réunir les conditions d'indépendance, garantie d'une bonne justice, il serait à désirer que le colonel appartînt à un autre corps. Que le même conseil ne fût pas composé des officiers du même régiment; d'y introduire des officiers de toutes les armes, infanterie, cavalerie, artillerie, etc.; et si la localité ne permettait pas cette formation, d'y introduire des officiers en retraite ou en disponibilité, en suivant toujours l'ordre du tableau, par rang d'ancienneté de grade.

Le choix du capitaine rapporteur doit aussi exciter toute la sollicitude du commandant de division. Il ne devra nommer à ces fonctions importantes que les officiers qui se recommandent par l'instruction et la facilité d'élocution; il devra faire son choix de préférence sur l'officier le moins sujet à changer de rési-

dence ; car ce n'est pas en quelques jours qu'un officier, quelle que soit d'ailleurs son aptitude, peut deve-
nir capable de bien remplir ces fonctions importantes.

C'est lui qui, aidé de son greffier, dirige l'instruction contre le prévenu ; c'est lui qui développe l'accusation et discute la déposition des témoins , en faisant
ressortir avec impartialité les faits qui parlent contre
l'accusé et ceux qui militent en sa faveur. Il doit, en
un mot, remplir les fontions du ministère public.

Il y a un autre membre près les tribunaux militaires ,
dont les fonctions sont, suivant moi, encore plus
importantes ; c'est le commissaire du roi.

C'est lui qui doit veiller à l'observation des formes ,
à l'application et à l'exécution de la loi. Il doit même
étendre sa surveillance sur ce qui concerne les arres-
tations. La loi veut que ce soit un capitaine , et qu'il
soit plus ancien de grade que le capitaine rapporteur.
Je désirerais plus , je voudrais qu'il fût d'un grade
supérieur , et que *jamais* il n'appartînt au même régiment que le colonel président le conseil.

En effet , c'est lui qui doit veiller à ce que l'instruction soit bien dirigée ; et , lorsque le conseil s'est retiré dans la chambre des délibérations , sa surveillance
doit s'étendre sur tous les membres du conseil , et
il doit veiller à ce que les voix soient recueillies en
commençant par le grade inférieur. Comment pourra-
t-il assurer l'exécution de cette formalité essentielle ?
Comment pourra-t-il paralyser l'influence d'un président qui voudrait émettre hautement son opinion , et

discuter la culpabilité ou la non culpabilité du prévenu ? Comment osera-t-il adresser un rapport à M. le
ministre de le guerre, si quelqu'abus de ce genre ont
eu lieu ? et se pourvoir en révision si le président a
mal posé ses questions, ou a fait une fausse application de la loi ? La crainte révérentielle sera là qui
détruira ses bonnes intentions ; et cette crainte exer-
cera sur lui une influence bien plus directe, s'il se
trouve en présence de son colonel.

On comprend facilement les conséquences qui peuvent résulter d'un mauvais choix, et de toute l'impor-
tance de cette fonction, qui est une sage institution,
et une des meilleures garanties d'une bonne administration de la justice.

Le commandant de division devra donc faire choix
d'un officier supérieur versé dans la connaissance du
droit criminel, recommandable par un jugement sain,
un caractère ferme et indépendant.

Quelques contestations s'étant élevées au sujet des
devoirs respectifs de MM. les rapporteurs et commis-
saires du roi, M. le ministre de la guerre a déterminé
leurs attributions par une circulaire ministérielle, à la
date du 21 août 1840. Cette circulaire est tellement
subversive du libre exercice de la défense, que je ne
puis la passer sous silence.

M. le ministre détermine ainsi les devoirs respectifs de ces officiers :

« A M. le capitaine rapporteur appartient de dé-
» velopper l'accusation, de discuter la déposition dés

» témoins, et de conclure sur la culpabilité du pré-
» venu.

» A M. le commissaire du roi, le soin de veiller
» à l'observation des formes, à l'application et à l'exé-
» cution de la loi. De telle sorte que le premier ne
» peut prendre d'autres conclusions que celles qui
» tendent à ce que l'accusé soit déclaré coupable ou
» non coupable ; et qu'il ne doit jamais conclure à ce
» qu'il soit condamné à telle peine ou à telle autre
» peine, cette faculté étant réservée au commissaire
» du roi. »

Jusqu'ici, il n'y a rien qui porte atteinte aux droits
sacrés de la défense. Que ce soit le capitaine rapporteur ou le commissaire du roi qui requiert l'application de la loi, peu importe à l'accusé, pourvu que son
défenseur soit présent, et qu'il ait la faculté de pouvoir s'élever contre une fausse application de la loi.

Continuons l'examen de cette circulaire. M. le ministre s'exprime ainsi :

« Les membres des conseils de guerre sont à-la-
» fois jurés et juges. Jurés durant le cours des débats,
» ils ne commencent leurs fonctions de juges qu'après
» que l'auditoire s'est retiré. M. le capitaine rappor-
» teur, chargé de la vindicte publique, s'adresse aux
» jurés, et M. le commissaire du roi, sur lequel re-
» pose l'exécution de la loi, doit seul en demander
» l'application *aux juges*. »

Il résulterait donc de cette circulaire que ce n'est
que quand le conseil est investi de sa seconde qua-

lité, celle de juges, c'est-à-dire lorsqu'il s'est retiré dans la chambre de ses délibérations, ou que le public, le rapporteur, le défenseur et le greffier ont évacué la salle, que M. le commissaire du roi prendrait la parole pour l'application de la peine; lorsque le défenseur de l'accusé ne serait plus là pour répondre, discuter une question de droit, s'il s'en présente une, et soumettre ses observations au conseil, si M. le commissaire du roi requérait une fausse application de la loi.

Il ne peut en être ainsi; la présence du commissaire du roi dans la salle des délibérations ne peut avoir ce but. Son devoir est d'exercer cette surveillance importante dont j'ai parlé plus haut, et surtout de veiller à ce que les voix soient recueillies, en commençant par le grade inférieur, formalité très-essentielle; car personne n'ignore quelle influence un colonel peut exercer sur des officiers d'un grade inférieur, qui tous, pour la plupart, appartiennent à son régiment, et sur un sous-officier qui est appelé à siéger, et d'après la loi, à émettre son opinion le premier.

Ce serait donc un acte arbitraire et illégal d'exiger que cet officier pût requérir l'application de la loi contre l'accusé lorsqu'il serait privé des conseils de son défenseur. Aussi cette circulaire n'a pas généralement reçu d'exécution. C'est toujours le rapporteur remplissant les fonctions de ministère public qui requiert l'application. Je n'y vois du reste, aucun inconvénient, sauf au commissaire du roi de prendre la parole, séance tenante, s'il juge que l'application n'est pas juste. Je verrais, au contraire, dans ce dernier mode de procéder, une garantie de plus pour l'accusé.

L'article 2 de la loi du 13 brumaire an V dit que les greffiers sont au choix du rapporteur. Ces fonctions sont trop importantes pour qu'il en soit ainsi.

Les greffiers près les conseils de guerre ont, pour la plupart, dans leur spécialité des connaissances que ne possèdent pas les rapporteurs. Le greffier a l'habitude des affaires; il réunit souvent les connaissances du droit criminel et de la jurisprudence, qu'une longue expérience lui a fait acquérir; en un mot, c'est en quelque sorte l'ame du conseil de guerre. Faire dépendre sa révocation de la volonté ou du caprice d'un magistrat si sujet à changer serait injuste et pourrait produire les plus mauvais résultats; car, le greffier a la responsabilité de son greffe; il peut être dépositaire de valeurs considérables; il est toujours dépositaire de pièces importantes qui intéressent l'honneur et même la vie d'un grand nombre de citoyens. Un fonctionnaire qui a cette responsabilité ne peut être à la merci du rapporteur.

Je voudrais que ces places fussent accordées aux sous-officiers et même aux officiers qui n'ont pu atteindre leur retraite et qui justifieraient de leur moralité et de leur capacité, par un examen préalable qu'on leur ferait subir.

L'accusé doit avoir un défenseur, à peine de nullité ; ce défenseur peut être choisi, dit la loi, dans toutes les classes des citoyens. Il en devait être ainsi, car en temps de guerre, le choix d'un avocat serait souvent difficile, et le cours de la justice serait entravé.

Cependant les avocats doivent être choisis de préférence, par cette raison dit M. de Chénier, auteur du Manuel des conseils de guerre, *que l'on doit s'attendre à y trouver réunis la science du droit, l'habitude de la parole, l'indépendance de la pensée, et le courage civique, conditions essentielles pour combattre quelquefois des accusations où la puissance militaire a besoin d'être contrebalancée.*

Après ces observations consciencieuses, et ce coup d'œil rapide sur notre législation militaire, qu'il me soit permis de signaler un fait, fruit d'une expérience de plusieurs années.

J'ai remarqué que plus des trois quarts des hommes traduits devant le conseil de guerre, surtout pour insubordination et bris d'armes, étaient ivres au moment où ils commettaient leur faute.

Déjà une sage circulaire de M. le duc de Dalmatie a produit dans l'armée d'heureux résultats, en prescrivant aux supérieurs de ne point se *commettre* avec un homme ivre, d'éviter soigneusement de l'irriter par leur présence, et de le faire saisir par ses camarades, ou par la garde, pour le conduire à la salle de police, s'il fait du bruit ou cause du scandale.

N'y aurait-il pas moyen, sinon de détruire, du moins d'atténuer cette source féconde de tant de maux ?

Deux moyens se présentent à ma pensée ;

1° Surveiller activement les cantines et les cabarets les plus fréquentés par les soldats ;

2° Occuper le soldat.

Ne pourrait-on pas défendre aux cantiniers, sous des peines sévères, de donner à boire à un homme qui déjà commencerait à être sous l'influence des liqueurs spiritueuses ?

Ne pourrait-on pas exercer une égale surveillance dans les cabarets situés en ville, y publier la même défense, consigner ces établissements à la garnison en cas de contravention ?

Mais le moyen, à mon avis, le plus efficace, ce serait de frapper l'oisiveté en occupant le soldat.

Pourquoi, à une époque où la France emploie ses capitaux et prodigue son enthousiasme à ces travaux gigantesques, dont il ne nous est pas permis de bien prévoir encore les conséquences, n'occuperait-on pas le soldat aux travaux de ces chemins de fer, le plus beau produit de l'intelligence humaine ?

Il en résulterait de grands avantages, et pour le soldat et pour la France.

Le soldat verrait cesser cet état d'oisiveté toujours dangereux ; il gagnerait de l'argent, et améliorerait son ordinaire ; il n'aurait pas perdu l'habitude du travail, et, rentré dans la vie civile, il reprendrait avec joie et facilité les travaux qui le faisaient vivre avant son entrée au corps.

L'état y trouverait aussi son avantage : entrepris par des soldats ouvriers, ces travaux seraient beaucoup moins onéreux, et il pourrait imprimer à leur confection une impulsion beaucoup plus rapide.

Il en résulterait donc ces deux grands avantages : Economie et célérité.

Je ne prétends du reste indiquer tous les moyens propres à combattre ce vice honteux ; j'ai voulu seulement signaler un fait qui est vrai, c'est que l'abus des liqueurs spiritueuses est la source du mal. J'ai voulu faire voir la plaie, laissant aux personnes plus expérimentées que moi le soin de la guérir.

www.ingramcontent.com/pod-product-compliance
Lightning Source LLC
LaVergne TN
LVHW012110030726
842523LV00002B/834